Christian Tielmann

Nació en el año 1971 en Wuppertal, Alemania;
es germanista, y sobre todo muy optimista. Actualmente
vive en Colonia y desde 1999 escribe libros para niños.

Hans Döring

Nació en 1962. Tras una formación como decorador
y diseñador de publicidad, estudió ilustración y diseño
de comunicación en Hamburgo. Trabaja como ilustrador
free lance y vive con su familia en Buchholz in der
Nordheide.

Christian Tielmann (texto)
Hans Döring (ilustraciones)
Título original: *Marie geht zur Kinderärztin*
Traducción de Maria Antònia Torras

© Patmos Verlag GmbH & Co. KG, Düsseldorf, 2006
© de la edición castellana:
EDITORIAL JUVENTUD, S.A., 2007
Provença, 101 - 08029 Barcelona
info@editorialjuventud.es
www.editorialjuventud.es
Primera edición, 2007
ISBN 978-84-261-3589-6
Núm. de edición de E. J.: 10.902

Printed in Austria

Christian Tielmann / Hans Döring

María va a la pediatra

 Editorial
Juventud

¿Hora de levantarse?

–¡Buenos días, María! –le dice su mamá.
Pero hoy no es un buen día para María. Le duele
la garganta. Y además se siente floja como una pelota
deshinchada. Y tiene tos. Lo único que le apetece
es seguir durmiendo.
–Cariño, ¿estás enferma? –le pregunta su mamá y le pone
la mano en la frente–. Lo mejor será que te quedes
en la cama. Si estás enferma, no vas a ir a la guardería.

Durante el desayuno, los papás de María deciden cuál de
los dos no va a ir a trabajar para quedarse en casa con ella.
–Yo tengo una reunión terriblemente importante –dice
la mamá de María.
–Yo puedo quedarme –dice el papá–. El trabajo que tenía
previsto para hoy puede esperar.

Fiebre

–Primero tenemos que saber si tienes fiebre –dice el papá
de María mientras le pone el termómetro debajo de la lengua
y le acaricia la frente hasta que suena el pip del termómetro.
María tiene fiebre, su temperatura es de 39,2 grados.
–Desde luego hoy no vas a ir a la guardería –le dice
su papá–. Tienes fiebre.

Con un termómetro podemos comprobar
si nuestro cuerpo tiene calentura.
Normalmente la temperatura del cuerpo
es de unos 37 grados. Si el termómetro indica
más de 38 grados, entonces significa que tenemos
fiebre. Y la fiebre es una clara señal de que
estamos enfermos.

Cuando alguien tiene fiebre se siente bastante
agotado. Por eso, normalmente, cuando alguien
tiene fiebre, se queda en la cama.

La temperatura corporal de las personas suele ser de unos 37 grados. No importa si se vive en el Polo Norte como los esquimales o en el tórrido desierto como los beduinos.

¿Cómo puede ser?

En la consulta de la pediatra

María no para de toser, por eso su papá ha decidido
llevarla a la pediatra como precaución. Aunque María
ya conoce a la doctora Roca, siempre que va a su
consulta no puede evitar sentir un poco de miedo.

Primero, papá tiene que avisar que
han llegado a la ayudante de la doctora,
que recibe a los pacientes en el
mostrador del pasillo.
—Tendrás que esperar un poquito, María.

Sólo los médicos y sus ayudantes
pueden entrar en el laboratorio.
Pero ¿te gustaría ver cómo es
un laboratorio por dentro?

¡Mira debajo de la solapa!

LAVABO

En la sala de espera hay
juguetes y cuentos. Pero María
prefiere sentarse en el regazo
de su padre y cerrar los ojos. A cada rato,
la ayudante entra en la sala para llevarse a un niño,
acompañado de su papá o su mamá, hacia la
consulta. Tras media hora de espera, finalmente
les llega el turno a María y a su papá.

¿Contagia?

–Hola, María, siéntate en la camilla –le dice la doctora Roca
cuando María y su papá entran en la consulta.

Papá le explica a la doctora Roca lo que le pasa a María.

–¿Hay algún niño enfermo en la guardería? –pregunta
la doctora.

María asiente con la cabeza.

–Pedro se ha roto el brazo.

La doctora Roca sonríe.

–Pero esto no es una enfermedad contagiosa. ¿Hay alguien
más aparte de ti que tenga fiebre, esté resfriado o tosa?

María niega con la cabeza.

Una enfermedad es «contagiosa»
cuando puede transmitirse de una
persona a otra. Los resfriados, la gripe,
la varicela, el sarampión, las paperas
y la rubéola son ejemplos de
enfermedades contagiosas. Hay otras
enfermedades que no son contagiosas,
como por ejemplo cuando alguien
se ha roto un brazo. Las alergias,
como la alergia al polen, tampoco
son contagiosas.

¿Qué ocurre cuando el cuerpo descubre los gérmenes?

¡Encontrarás la respuesta debajo de la solapa!

La doctora palpa el cuello de María para comprobar el estado de los ganglios linfáticos. Los ganglios linfáticos son filtros del cuerpo, en los que se almacenan los gérmenes y se hacen inofensivos. Cuando el cuerpo tiene demasiados gérmenes, estos filtros se llenan y se hinchan. Es posible notarlos al palpar con las manos.

No sólo para niños: enfermedades infantiles

Las enfermedades infantiles se llaman así porque la mayoría de personas las sufre durante la infancia. Sin embargo, los adultos también pueden padecer estas enfermedades. No hay duda de que estar enfermo es un fastidio. Pero la mayoría de las enfermedades infantiles sólo se padecen una vez en la vida. Una gran ventaja, ¿no creéis?

Nicolás tiene varicela
Nicolás tiene granos por todo el cuerpo. ¡Y le pican mucho! En dos o tres semanas la enfermedad habrá desaparecido y Nicolás volverá a estar bien.

Marta tiene fiebre terciana
Esto significa que Marta va a tener fiebre durante tres días. Cuando por fin le baje la fiebre, le aparecerá una ligera erupción cutánea (unas manchas rojizas); después volverá a encontrarse bien.

Laura tiene la rubéola
La rubéola empieza con una erupción cutánea, por eso Laura tiene un poco de fiebre. La enfermedad desaparece al cabo de un par de días.

Las inflamaciones de la garganta o faringitis son un fastidio, porque duele al tragar.

¡Pero adivina qué puedes tomar como medicina cuando las amígdalas están inflamadas!

Pedro tiene paperas
Pedro tiene los mofletes hinchados y tiene fiebre. Las paperas duran aproximadamente una semana.

Elena tiene la escarlatina
Primero Elena tuvo dolor de garganta y fiebre. Después le salió una erupción cutánea. Las manchas de color rojo frambuesa en la lengua son típicas de la escarlatina. Elena tardará de dos a seis días en recuperarse.

Escuchar

La pediatra no puede meterse en el cuerpo de María
para mirar dentro. Pero puede escuchar: con un
instrumento de auscultación, llamado estetoscopio,
puede auscultarle la espalda y el pecho.

–Por favor, inspira y espira profundamente –dice la
doctora Roca.
Cuando María inspira profundamente, la doctora
puede controlar si va todo bien en los pulmones.
–Estoy segura de que con la tos muy pronto vas a
expulsar la enfermedad de tu cuerpo. Pero procura
ponerte siempre la mano delante de la boca para
que así no contagies a nadie –le dice la doctora.

La doctora también coloca el estetoscopio sobre
el pecho de María para auscultarle el corazón.
–Tus pulmones y tu corazón están sanos, María –le dice.

¿Qué pasa cuando tosemos?

Catarros no contagiosos

El cuerpo de María lucha contra los gérmenes de un fuerte resfriado. Pero algunos cuerpos también combaten sustancias que no son precisamente gérmenes y que de hecho no deberían dañar el cuerpo. A este tipo de batallas del cuerpo se las denomina «alergias».

Eliana, una niña de la guardería de María, tiene este tipo de alergia: es alérgica al polen. En primavera, cuando empiezan a florecer los prados, Eliana no para de estornudar y se le enrojecen y lloran los ojos.

Las alergias son muy molestas, pero por lo menos no son contagiosas.

19

Adivina a qué velocidad sale
el aire de la nariz cuando
estornudamos:
¿A la velocidad de un velocista?
¿A la velocidad de un coche
de carreras?
¿A la velocidad de un avión?

Observar

La doctora Roca también examina con mucha
atención el exterior del cuerpo de María.
Incluso le mira detrás de las orejas. Pero no
para saber si María se ha lavado bien, sino para
comprobar si tiene alguna mancha rojiza. Porque
la erupción cutánea, que es como se denominan
las manchas rojizas del sarampión, empieza
normalmente detrás de las orejas. Pero María
no tiene sarampión.

Como a María le duele la garganta, la doctora le pide
que abra bien la boca y le examina el interior del cuello.
La doctora presiona hacia abajo la lengua de María
con una espátula de madera iluminando la garganta con
una pequeña linterna. La garganta de María está
un poco enrojecida, pero no tiene amigdalitis.

Si miras debajo de esta solapa,
podrás ver lo que ve la doctora
cuando examina la garganta
de un niño.

Sangre y pipí

Tras el examen visual y la auscultación, tomarle la temperatura, y haberle palpado las glándulas linfáticas, la doctora dispone de mucha información para saber contra qué enfermedad está luchando el cuerpo de María.

Pero algunas veces no basta con mirar, palpar, auscultar y tomar la temperatura para saber qué enfermedad se padece. En ese caso, la doctora todavía puede ser más precisa: puede extraerle al paciente un poco de sangre y analizarla en el laboratorio.

La sangre no es una simple sopa roja.
Esto se ve claramente si examinamos
una gota de sangre con el microscopio.
Un microscopio es
un cristal de aumento
muy potente.

¡Mira cómo
se ve!

También puede analizarse la orina (pipí). Para ello
el paciente o la paciente debe hacer pipí en un botecito.

Las vacunas

A veces, es posible vacunarse para evitar alguna enfermedad peligrosa. Para ello hay que acudir al médico antes de padecer la enfermedad.

Cuando nos vacunan nos inyectan unos pocos gérmenes débiles de la propia enfermedad. Estos gérmenes se esparcen por el cuerpo, pero éste los puede derrotar fácilmente y la enfermedad no se manifiesta. Cuando vuelven a aparecer gérmenes de esa enfermedad, el cuerpo ya los reconoce.

Tétano

Más tarde, cada vez que esos gérmenes vuelven a aparecer, el cuerpo está tan bien preparado gracias a la vacuna, que es capaz de vencerlos antes de que se declare la enfermedad.

Difteria

Polio

Tos ferina

Algunas enfermedades, como por ejemplo la viruela, incluso se han llegado a eliminar en el mundo entero gracias a la vacunación de la población. Por desgracia, también hay enfermedades contra las que no existe ninguna vacuna.

En la farmacia

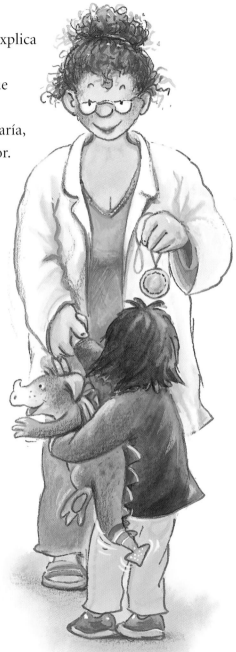

–No es nada grave, María. Sólo tienes un fuerte resfriado –le explica
la doctora.
La doctora Roca le entrega al papá de María una nota en la que
ha garabateado algo. Es una receta.
–Si la fiebre no ha desaparecido en dos días, llámeme. Y tú, María,
simplemente quédate en la cama y pronto te encontrarás mejor.
Se despiden de la doctora y salen de la consulta.

–Pasaremos un momento por la farmacia para comprar
los medicamentos que te ha recetado la doctora Roca –dice
el papá de María.
–¿Quieres esperarte en el coche o quieres entrar conmigo?
María quiere entrar en la farmacia. Está un poco débil,
pero no tanto como antes.

27

En la farmacia hay un montón de armarios con cajones larguísimos. El papá de María le entrega la receta de la doctora a la farmacéutica, y ésta le da una botella de jarabe para la tos y una caja de pastillas para el dolor de garganta.

SÓLO AQUÍ OFERTA 9,95

OFERTA 4,95

Curada

María ha guardado cama dos días y ha dormido mucho.
Al tercer día se encuentra mucho mejor. Ya puede volver
a levantarse y jugar en casa.
Tras el fin de semana podrá regresar a la guardería.

–¿Ya te sientes bien, María? –le pregunta Clara, su maestra.
–Mejor que nunca –le contesta María mientras corre
hacia el columpio.
Entretanto, el brazo de Pedro también se ha curado:
el hueso se ha soldado y le han quitado la escayola.
–Por fin, todos los niños vuelven a estar sanos –comenta
Diego, el otro maestro.

Pero entonces se le acerca Sofía.
–A mí me pica algo en la garganta –se queja–.
Y los ojos me escuecen de una forma muy rara.
–Entonces hay que comprobar si Sofía tiene
fiebre –dice María desde el columpio–. A lo mejor
tiene fiebre terciana, paperas o la escarlatina,
o a lo mejor sólo es un fuerte catarro.